WILHELM BUSCH

Der Vogel hat ein Haus gefunden

Ansprachen über Psalm 84

VERLAG HERMANN SCHULTE, WETZLAR

ISBN 3-87739-607-0
HSW 15607
1. Auflage 1978
Umschlaggestaltung: Gisela Scheer
Umschlagfoto: Fotoagentur Mauritius, Mittenwald
Satz: Druckerei Klose, Inh. Gebr. Jung oHG, Wetzlar
Druck: Ebner, Ulm
Printed in Germany

1

DAS LOB GOTTES

„Meine Seele verlangt und sehnt sich nach den Vorhöfen des Herrn; mein Leib und Seele freuen sich in dem lebendigen Gott. Der Vogel hat ein Haus gefunden und die Schwalbe ein Nest für ihre Jungen — deine Altäre, Herr Zebaoth, mein König und mein Gott."

Ich will zuerst den Vers 3b besprechen: „Mein Leib und Seele freuen sich in dem lebendigen Gott."

Merkwürdig, wie der Psalmist das ausdrückt, nicht wahr? Wenn er sagte: „Meine Seele freut sich", würden wir das noch verstehen, aber „Leib"? Nun, er will sagen: Der ganze Kerl, von den Haarspitzen, wenn er noch welche hat, bis zu den Fußzehen, freut sich in dem lebendigen Gott.

Dieses Wort bringt etwas von der Vitalität eines richtigen Christen zum Ausdruck.

Ich wurde einmal, als ich noch Studentenpfarrer war, aufgefordert, in der Staatsbauschule einen Vortrag zu halten. Das Thema sollte lauten: Warum sind die Menschen so langweilig? Da habe ich gesagt: „Darüber will ich gern reden." Ich wäre tatsächlich beinah an der Frage hängen geblieben, warum die Menschen so unsagbar langweilig sind. Was ist die Menschheit doch für ein transusiges Geschlecht!

Ich habe dann in meinem Vortrag gesagt: „Erst wenn ich die Wiedergeburt durch den Eingriff Gottes in mein Leben erlebt habe, wenn ich also ein Kind Gottes geworden bin, dann hört die Langeweile auf."

Es gibt eine geistliche Vitalität oder geistliche Lebensfreude. In Maleachi 3 heißt es zum Beispiel: „Ihr sollt herausgehen und springen wie die Mastkälber."

Ich denke dabei an David, der vor der Bundeslade hin- und hergesprungen ist und getanzt hat, daß seine Frau Michal ihn verachtete. Da spürt man so etwas von dieser Lebensfreude, nicht wahr? Oder wenn Paulus im Gefängnis schreibt: „Freuet euch in dem Herrn allewege, und abermals sage ich: Freuet euch!" Wenn dann von ihm berichtet wird, wie er mit Silas zusammen eingekerkert, geschlagen und gegeißelt wurde und doch dort im untersten Kerker des Gefängnisses anfängt, um Mitternacht Loblieder zu singen — wissen Sie, da spürt man etwas von der explosiven Freude eines wiedergeborenen Christen.

Das meint hier der Psalmist, wenn er sagt: „Mein Leib und Seele — der ganze Mensch — freuen sich in dem lebendigen Gott."

Ich hoffe, daß Sie sich bei jedem Satz, den ich hier so sage, fragen: „Habe ich davon auch etwas? Ist das bei mir auch der Fall?"

Wenn ich diesen Satz lese, den ich außerordentlich liebe — „Mein Leib und Seele freuen sich in dem lebendigen Gott" —, dann kommt es mir vor, als spürte ich etwas von dem Glanz der ersten Schöpfungstage vor dem Sündenfall. Damals ging die Schöpfung aus der Hand Gottes hervor und jauchzte ihm zu.

Als dann der erste Mensch die Augen aufschlug, als ihm Gott seinen Odem einblies, da war es ganz sicher so: „Mein Leib und Seele freuen sich in dem lebendigen Gott."

Inzwischen hat aber der Sündenfall stattgefunden. Seitdem leben wir in einer Welt, in der der Teufel regiert. Die Menschheit ist weit vom lebendigen Gott abgerückt. Da gibt es keine göttliche Freude mehr. Die Menschen brauchen dafür Karneval mit Saufereien und Narrheit, sonst können sie es gar nicht aushalten!

Gönnen Sie es ihnen, aber machen Sie bitte nicht mit!

Aber es gibt in dieser gefallenen Welt die Gemeinde Jesu Christi, eine Schar wiedergeborener Menschen. Bei dieser bleibt das Lob, das vor dem Sündenfall da war, bestehen: „Mein Leib und Seele freuen sich in dem lebendigen Gott."

Das durchzieht die ganze Bibel; das wäre eine Bibelarbeit wert. Es fängt bei der Schöpfung an und geht dann durch bis zur neuen Welt, die uns in der Offenbarung gezeigt wird. Lesen Sie mal die letzten Kapitel der Offenbarung; da ist die

Rede von der neuen Welt, wo keine Sünde und kein Tod und kein Leid mehr ist.

Dafür ist aber etwas anderes da: der ewige Lobgesang: „Mein Leib und Seele freuen sich in dem lebendigen Gott."

2

DER LEBENDIGE GOTT

„Mein Leib und Seele freuen sich in dem lebendigen Gott."

Hier kommt es auf das Wörtchen „lebendiger" Gott an. Das möchte ich ganz besonders unterstreichen.

Die Welt kann viel von Gott reden, und sie tut es sogar, aber meistens ist nicht vom lebendigen Gott die Rede. Die Propheten des alten Bundes spotteten schon immer über die Götzen: „Sie haben Augen und sehen nicht, sie haben Ohren und hören nicht. Sie sind Holz und Stein." Die Propheten spotteten und lachten darüber, daß die Heiden tote, selbstgemachte Götter haben.

Die moderne Welt hat auch ihre selbstgemachten Götter — auch die christliche Welt.

Sehen Sie, da ist vor einigen Jahren ein Buch von einem englischen Bischof erschienen, sein Name ist Robinson. Auch in deutscher Sprache wurde es veröffentlicht. Sein Titel lautet: „Gott ist anders." Da sagt dieser englische Bischof, daß die Vorstellung von einem jenseitigen Gott, der außerhalb der Welt stehe, natürlich ein Mythos sei. Dann kommt er zu der Definition: Gott ist die Tiefe des Daseins.

Können Sie sich etwas unter diesem Ausdruck

vorstellen — „Tiefe des Daseins“? Sicher nicht; ich auch nicht. Verstehen Sie, das ist doch Geschwätz! Das ist nicht der lebendige Gott, mit dem David es zu tun hatte.

Ich habe oft den Eindruck, daß man — sogar hier unter uns — von Gott reden kann, aber es kommt dabei gar nicht der Schrecken und die Freude darüber zum Ausdruck, daß er wirklich da ist und wirklich lebt. Es ist unheimlich, daß wir das Wort „Gott“ und den Begriff Gott benutzen können, ohne daß wir die Begegnung mit dem lebendigen Gott darunter verstehen.

Ich kann mich niemals an einem Gottesbegriff erfreuen. Die „Tiefe des Daseins“ kann mich nicht glücklich machen. „Mein Leib und Seele freuen sich in dem lebendigen Gott.“

Der Mathematiker Pascal, dieser große Geist, hat es wundervoll ausgedrückt. In seinem Rock eingenäht fand man nach seinem Tod eine Art Bekenntnis, das so anfängt: „Nicht Gott der Philosophen und nicht Gott der Gelehrten, sondern Gott Abrahams, Isaaks und Jakobs.“ Wundervoll ausgedrückt, nicht wahr? Der gehandelt hat, der geredet hat, der gerufen hat, der in das Leben der Menschen hineingewirkt hat — der, der ist gemeint.

Bitte fragen Sie sich jetzt einmal, ob Sie den lebendigen Gott kennen.

In diesem Jahr geht es mir ganz besonders auf, wie gerade das in der Bibel so großartig ist, was die Gelehrten am Alten Testament so verärgert, nämlich daß Gott so menschlich ist und zornig sein kann. Gerade das ist das Großartige, daß er der lebendige Gott ist, der mich zerschlagen kann, der mir böse sein kann, der sich mir aber zuwendet und mich in die Arme nimmt, wenn ich ihn anrufe. Verstehen Sie das? Er ist der „Du“, dem ich gegenüberstehe.

Ich muß sagen: Wenn ich manchmal morgens aufwache, dann bin ich glücklich, daß ich mich nicht mit Religion belasten muß, weil ein lebendiger Gott da ist, ein „Du“, dem ich morgens mit dem ersten Atemzug „Guten Morgen“ sagen kann — verzeihen Sie bitte, aber so meine ich es: dem ich „Guten Morgen“ sagen kann, indem ich bete: „Herr, ich danke dir, daß ich aufwachen darf und daß es immer noch gilt, daß ich dein Kind bin.“

Glauben Sie mir, man ärgert sich an den Geschichten der Bibel nur, weil man einen Gottesbegriff hat, ein Dogma, eine Lehre, einen ausgehöhlten, selbstgemachten Gott. Dann ärgert man sich an dem lebendigen Gott, der in der Bibel gezeigt wird.

Es geht mir wie Gottlieb Daniel Krummacher, dem Erweckungsprediger Wuppertals, von dem der Professor Toluk sagte: „Er ist ein Liebhaber der Torheit Gottes.“ Was die Menschen in der Bibel ärgert und ihnen töricht erscheint, das ist gerade das Schönste; denn da wird deutlich: Wir haben es mit einem Gott zu tun, der lebendig ist, der handelt.

Ich hätte nicht 40 Jahre Pfarrer sein wollen, wenn ich nicht mit einem lebendigen Gott hätte rechnen dürfen. Viele von Ihnen sind doch ein klarer Beweis dafür, daß Gott in das Leben von Menschen eingreifen kann, sie aus der Finsternis herausholt und an ihnen etwas tut.

Verstehen Sie? Ich möchte gern dick unterstreichen, daß es sich um den lebendigen Gott handelt; und an einem lebendigen Gott kann man sich wirklich freuen.

3

DIE ALTÄRE GOTTES

Im Vers 4 wird nun der Grund genannt, warum man sich im lebendigen Gott freuen kann: „Der Vogel hat ein Haus gefunden und die Schwalbe ein Nest für ihre Jungen — deine Altäre, Herr Zebaoth, mein König und mein Gott."

Ist Ihnen etwas aufgefallen? Der Vers, den wir eben besprochen haben, müßte, wenn wir nach unserem Gefühl gingen, etwa heißen: „Mein Leib und Seele freuen sich *am* lebendigen Gott." Ich freue mich *an* meiner Frau, *am* guten Essen, ich freue mich *am* ... Aber hier steht: „Mein Leib und Seele freuen sich *im* lebendigen Gott." Das heißt, diese Freude kennt man erst, wenn man völlig eins geworden ist mit Gott, völlig im Frieden mit ihm ist.

Ein unbekehrter, nicht wiedergeborener Mensch kennt den Frieden mit dem lebendigen Gott nicht, und darum hat er im Grunde immer Angst vor Gott. Wenn Atheisten behaupten, es gäbe gar keinen Gott, dann sage ich: „Ihr habt bloß Angst vor ihm; darum darf es ihn gar nicht geben."

Ich kann mich im lebendigen Gott aber nur dann freuen, wenn ich völlig im Frieden mit Gott bin. Und hier in Vers 4 wird nun gesagt, wie ich zum Frieden mit Gott kommen kann: „Der Vogel hat ein Haus gefunden und die Schwalbe ein Nest für ihre Jungen.“

Das ist wundervoll! Da vergleicht der Psalmist seine Seele oder sein Herz mit einer unruhigen Schwalbe.

Ich weiß nicht, ob Sie das schon einmal erlebt haben. Wenn wir als Kinder in den Ferien auf dem Lande waren, haben wir immer beobachtet, wie die Schwalben in die Scheune meines Großvaters hineinschossen und ihren Jungen Futter brachten und wieder herausschossen. Das war eine ewige Unruhe.

Wenn Sie an einem schönen Abend die Schwalben fliegen sehen, da können Sie gar nicht so schnell mit den Augen folgen; das geht rascher wie bei den Tischtennisbällen. Es ist eine merkwürdige Unruhe in den Schwalben.

Hier vergleicht der Psalmist sein Herz mit so einer Schwalbe. Es ist voller Unruhe — so ist es auch bei den Menschen, nicht wahr? Was tragen wir an innerer Unruhe mit uns herum: an Gedanken, an Sorgen, an Nöten, an Anfechtungen, an Sünden, an Schuld — das ist eine Herzensunruhe. Wir sind von Natur friedelos wie eine herumfliegende Schwalbe.

Und nun sagt der Psalmist: „Mein unruhiges Herz ist zur Ruhe gekommen, hat eine Heimat gefunden. Die Schwalbe hat ihr Nest gefunden, wo sie Junge aufziehen kann.“

Verstehen Sie das Gleichnis jetzt? So hat meine

Seele, meine unruhige Schwalbenseele, eine Ruhestätte gefunden an den Altären Gottes.

Und nun muß ich die Altäre Gottes erklären. Wir haben hier ja einen alttestamentlichen Psalm vor uns. Den betet ein Mann mit dem Blick auf den Tempel. Alles im Alten Testament ist aber Weissagung und Vorbild auf den Herrn Jesus hin, auf das Neue Testament. Und deshalb sind die Altäre im Tempel, an denen der Psalmist zur Ruhe kam, Vorbild für neutestamentliche Dinge.

Im Tempel gab es zwei Altäre. Der eine stand im Vorhof. Das war der große eherne Altar, auf dem die Schuldopfer dargebracht wurden. Wenn sich ein Mensch in Israel versündigt hatte, dann brachte er ein Lamm, das geschlachtet und auf diesem Altar verbrannt wurde. Hier findet die Versöhnung statt.

Wenn nicht gerade außergewöhnliche Opfer dargebracht wurden, dann brannte immerzu ein Opfer auf dem Feuer dieses Altars, nämlich ein Lamm. Das wurde nur abgeräumt für besondere Schuldopfer und Sündopfer.

Das Feuer wurde ständig bewacht und morgens und abends gerichtet, und die Rauchsäule von diesem Opfer stieg Tag und Nacht zu Gott auf.

Es war das Lamm, auf das gleichsam die Sünde und die Schuld Israels gelegt war und das nun stellvertretend starb. Wenn in Israel jemand Angst hatte und ihn die Frage quälte: Wie stehe ich mit Gott?, dann schaute er sich um und sah die

Rauchsäule und wußte: Das Versöhnungsopfer brennt. Da ist Vergebung. Ein Lamm ist an meiner Statt gestorben.

Und nun kennen wir hoffentlich alle die Schriftstelle, wo Johannes der Täufer auf Jesus zeigte und sagte: „Siehe, das ist Gottes Lamm, welches der Welt Sünde trägt!"

Und so ist dieser Opferaltar im Vorhof des Tempels ein Abbild unseres Altars, nämlich von dem Kreuz auf Golgatha. Wir tun etwas ganz Falsches, wenn wir den „Altar" in der Kirche „Altar" nennen. Sie haben ja auch sowieso nicht viel Respekt davor. Wenn ich so etwas behaupte, dann würde so ein richtiger lutherischer Pfarrer wahrscheinlich einen Schlaganfall bekommen. Aber es ist so, wie ich es sagte, und ganz in Ordnung: Unser Altar ist Golgatha. Und das Opferlamm, das hier geopfert wurde, ist der Sohn Gottes.

Es ist für mich nur dann wirklicher Friede, wenn ich weiß: Der Herr Jesus hat die Schuld der Welt hinweggetragen, also auch meine Schuld. Hier ist wirklich Vergebung der Sünde. Am Kreuz ist wirklich Versöhnung mit Gott geschehen. Das Opfer gilt. Sehen Sie: Hier kommt unsere unruhige Seele zur Ruhe: am Kreuze Jesu.

Ich kann Ihnen sagen, wenn ich das nicht wüßte, daß der Sohn Gottes wirklich der Welt Sünde weggetragen hat, daß sein Blut wirklich der Kaufpreis ist — völlig bezahlt —, wenn ich nicht wüßte, daß ich für Gott erkauft bin, daß ich nur noch anzunehmen brauche, daß der Blick auf das Kreuz wirklich die Annahme des Friedens mit Gott bedeutet, dann könnte ich nicht leben.

Hier am Kreuz kommt unsere unruhige Seele wirklich zum Frieden. „Das Vaterhaus ist immer da, wie wechselnd auch die Lose. Das Kreuz von Golgatha — Heimat für Heimatlose." Wir sind doch alle solche Heimatlose, nicht wahr?

Sehen Sie, in meinem Leben hat dieser Vers eine ganz besondere Rolle gespielt: „Der Vogel hat ein Haus gefunden und die Schwalbe ein Nest für ihre Jungen — deine Altäre, Herr Zebaoth, mein König und mein Gott."

Es war am 5. März 1943, als über Essen der erste große schreckliche Fliegerangriff niederging. Da brannte mein Haus in der Weigle-Straße ab. Am Morgen dieses Tages saßen wir, meine Frau und meine Kinder, die damals noch klein waren, und ich, völlig abgebrannt, verrußt, dreckig, bei meinem Vikar Schauen. Wir wußten nicht, wohin. Ist ja vielen von uns so ergangen, nicht wahr?

Es erschütterte mich tief: Nun bin ich also wirklich heimatlos, völlig verarmt und heimatlos. Dann haben wir bei meinem Vikar Schauen — manche kennen ihn noch — gefrühstückt. Und dann sagte er: „Nun wollen wir die Losung lesen."

Die Losung an diesem Tag hieß: „Der Vogel hat ein Haus gefunden und die Schwalbe ein Nest für ihre Jungen — deine Altäre, Herr Zebaoth, mein König und mein Gott."

„Kinder“, sagte ich, „wir sind nicht heimatlos. Und wenn die ganze Welt unter uns zusammenbricht: ’Es ist das Kreuz von Golgatha Heimat für Heimatlose.’ Da sind wir immer zu Hause.“

Warum sind eine ganze Reihe von Ihnen im Grunde noch heimatlose Leute mit einer so unruhigen, mit einer so friedelosen Seele? Das Kreuz Jesu ist der Altar Gottes und wartet auf uns alle! Da fließt Friede herab wie ein Strom und Gerechtigkeit, die uns Gott dann schenkt, wie Meereswellen.

Ich hoffe, Sie haben mich verstanden.

Aber nun steht da „Altäre“, Plural, Mehrzahl.

Es gab im Tempel noch einen zweiten Altar. Im Tempel gab es drei Bereiche — das Äußere, den Vorhof, da war dieser große Versöhnungsaltar. Dann kam ein Raum, das Heilige, den nur die Priester betreten durften. Dann kam das Allerheiligste, ganz dunkel, wo die Bundeslade stand, der Gnadenstuhl.

In den zweiten Bereich, im Heiligtum, den nur der Priester betreten durfte, da stand unter anderem der siebenarmige Leuchter. Er ist ein Bild der Gemeinde Jesu Christi, die leuchten soll. Außerdem stand da noch ein kleiner goldener Altar. Auf diesem Altar wurde morgens, mittags und abends ein Rauchopfer dargebracht.

Als Zacharias im Tempel war und ihm der Engel des Herrn erschien und sagte: „Du wirst einen Sohn haben!“, da stand er an diesem goldenen Räucheraltar. Dieser Räucheraltar beziehungsweise der Weihrauch, der auf ihm geopfert wurde — es wurde also kein Blut, sondern Weihrauch dargebracht —, war ein Vorbild auf die Gebete der Gemeinde. Dieses auf dem goldenen Altar dargebrachte Weihrauchopfer war also ein Symbol für das Gebet, das wie ein Rauchopfer vor Gott aufsteigt.

Ach, meine Freunde, dieses Rauchwerk, das war ein edler Duft, nicht wahr? Man könnte manchmal meinen, die Gebete der Kinder Gottes seien meistens gar nicht sehr schön. „Ich schreie zu dir", heißt es einmal in den Psalmen. „Ich bin zermalmt, ich liege im Staube." Das ist ästhetisch gar nicht schön. Aber vor Gott ist es köstlicher Weihrauch.

„Wenn unser Herze seufzt und schreit, wirst du gar bald erweicht", heißt es in einem Lied. Wenn unser Herze seufzt und schreit — das ist köstlicher Weihrauch vor Gott.

Und sehen Sie, das ist der zweite Altar: daß wir beten dürfen. Darum kann ich mich in meinem Herzen im lebendigen Gott freuen, weil ich mit diesem lebendigen Gott ja reden kann.

Sehen Sie, man hat gesündigt und hat keinen Mut, vor Gott zu treten. Wie dumm! Er ist ja ein lebendiger Gott. Ich kann ihm ja sagen: „Herr, du weißt, was ich für ein elendes Kind bin. Aber ich bin doch dein Kind. Du hast mich erkauft. Herr, du siehst, wie trostlos alles in meinem Leben aussieht." Ich kann ihm ja alles sagen, darum kann ich mich auch im lebendigen Gott freuen, weil ich ihm mein Herz ausschütten kann. Tun Sie das eigentlich?

Dazu braucht man allerdings Stille. Es ist merkwürdig: Wenn ich anfangen will zu beten, dann klingelt das Telefon, und wenn ich mich melde, dann bin ich falsch verbunden, oder ich höre so etwas wie: „Entschuldigung, ich wollte eine andere Nummer."

Der Teufel ist auf dem Plan, um uns nicht zu dieser Stille für das Gebet kommen zu lassen. Um diese Stille muß man einen ernsthaften Kampf führen.

4

DIE GEWISSHEIT DER GOTTESKINDSCHAFT

Ich muß nun noch kurz ein drittes sagen. Alles, was ich bisher gesagt habe, klingt doch nach dem freudigen Ausruf: „Ich hab's! Ich hab's! Meine Seele freut sich im lebendigen Gott. Mein König und mein Gott!"

Das ist etwas ganz anderes wie „Tiefe des Daseins". Da begehren alle die Theologen, die ich seit meiner Studienzeit kenne, auf und sagen: „Du hast es aber nicht in der Tasche!"

Doch, ich hab's! Hier steht es: „Mein Gott!"

Ich pflege meinen Freunden dann zu sagen: „Es kommt doch gar nicht darauf an, daß ich es in der Tasche habe, sondern es kommt darauf an, daß Gott mich in seiner Tasche hat!" Und das hat er!

„Aber das gibt eine falsche Sicherheit", sagen sie dann.

„Ha", sage ich, „da ist alles Gewißheit in diesen Versen." Nicht wahr? „Der Vogel *hat* sein Haus gefunden", einen Ruheort: deine Altäre — versöhnt am Kreuze Jesu. Ich kann ihm mein Herz ausschütten. Da gibt's gar keine Hemmungen. „Mein König und mein Gott!" Lauter Gewißheit.

Darum ist es geradezu verblüffend, daß diese Verse mit dieser strahlenden Gewißheit anfangen: „Meine Seele verlangt … “ Wörtlich heißt es: … verzehrt sich nach den Vorhöfen des Herrn.“

Dieses spricht doch einer aus, der weit weg vom Tempel ist: „Wenn ich nur die Vorhöfe sehen könnte! Danach verzehre ich mich.“

Und auf einmal ist alles voll strahlender Gewißheit: Ich hab's!

Nun, die Ausleger sagen natürlich mit Recht, daß dies ein Mann aus Israel ist, der in der Ferne ist und sich nach dem Tempel sehnt. Aber das klappt dann doch nicht ganz. Man könnte nämlich nicht gleich wieder sagen: „Ich freue mich so an den Altären da!“

Nein, meine Freunde, hier stehen wir vor einem Geheimnis des Christenstandes. Ein richtiger wiedergeborener Christ ist ein Mensch, der über alles Gewißheit hat. Er kann sagen: „Mein König und mein Gott! Er *hat* mich erkauft. Sein Blut *ist* für mich geflossen. Ich *bin* versöhnt. Meine Sünden *sind* vergeben. Ich bin mit dem Heiligen Geist versiegelt und darf ihm gehören. Ich *darf* mein Herz ausschütten.“ So spricht ein richtiger Christ.

Und zugleich weiß ein richtiger Christ: Ich habe es eigentlich noch gar nicht! Das Beste kommt noch. Darum bin ich froh, daß ich heute 68 Jahre alt bin; ich bin nicht mehr weit weg davon. Wenn ich sterbe, dann will ich in demselben Augenblick meine Augen aufschlagen zu ihm, der wirklich mein König und mein Gott ist.

Das ist eine widersinnig erscheinende Behauptung des Christen: Ich habe alles, alles in dir, Herr Jesus Christus. Aber ich verzehre mich danach, daß ich es richtig habe. Ach, Herr, wenn ich doch dich sehen könnte! Ach, Herr, wenn ich doch richtig geheilt wäre! Ach, Herr, meine Sünde ist noch so mächtig! Ach, Herr, ich bin noch zu traurig, ich bin noch zu ungläubig, ich stehe immer noch draußen vor der Tür.

Verstehen Sie? Das gehört beides zusammen. Da sagt ein Weltmensch: „Mensch, das klappt doch nicht. Du kannst doch nicht sagen: 'Ich hab' ein Portemonnaie mit Geld und bin ein armer Kerl.'"

Darauf muß ich antworten: „So spricht ein Christ; es ist seine praktische Erfahrung."

Ich könnte manchmal über mein ganzes Christentum verzweifeln. Und dann schlage ich die Bibel auf. Und dann kann ich singen: „Mein Leib und Seele freuen sich in dem lebendigen Gott." Und das ist doch auch wahr.

Lassen Sie mich ein Beispiel benutzen. Ein großes Erlebnis bei meiner Amerikareise war für mich der Rückflug. Da flogen wir abends von New York weg und hatten bloß zwei Stunden Nacht, da man ja die Sonne überrundet. Das ist dann ein furchtbar komisches Gefühl: Wir haben Abendbrot gegessen, und dann ist es auf einmal dunkel, und alle löschen die Lichter. Ich war der einzige, der gelesen hat. Auf einmal sehe ich: Um mich herum schläft alles. Dann habe ich mein

Licht auch ausgemacht und habe darüber nachgedacht, daß zwölf Kilometer leere Luft unter mit sind. Dann kommen etwa acht Kilometer tiefes Meer. Das ist ein grauenvoller Abgrund, von dem mich nur so ein Stückchen Flugzeugboden trennt. Das ist eine unheimliche Situation. Mir wurde es ganz schwindlig, als ich darüber nachdachte, daß ich hier eigentlich im Nichts hänge.

Aber dann habe ich gedacht: Genauso geht es einem Christen hier auf der Erde. Ich bin geborgen, weil mich Jesus erkauft hat. Ich kann zwar sagen: „Mein König und mein Gott!“ Aber ich bin, wie in diesem Flugzeug, hier über entsetzlichen Abgründen. Mein Leben ist angefochten. Mein Glaube ist so klein. Der Herr ist oft so fern. Ich bin so einsam — und wer weiß, was noch alles. Das ist „Tiefe des Daseins“: diese Abgründe.

Aber hoch oben darüber schweben wir. Da helfen uns solche Sätze, die hier stehen — „Mein Leib und Seele freuen sich in dem lebendigen Gott; mein König und mein Gott.“

Aber als mir das so klar zum Bewußtsein kam, daß ich da über so einem Abgrund schwebe, dachte ich: Ich bin doch froh, wenn wir landen. Und ich will Ihnen sagen: Als Christ bin ich geborgen — hier im Flugzeug dieser Welt. Trotzdem freue ich mich, wenn ich lande. Verstehen Sie recht, wenn ich lande in der anderen Welt. Ich bin ja dann derselbe Mensch wie in dem Flugzeug da. Aber jetzt habe ich festen Boden unter den Füßen. Jetzt sind die Abgründe nicht mehr da. Jetzt komme ich wirklich nach Hause.

Diese Paradoxie des Christenstandes — daß wir haben und doch in der Erwartung stehen — geht durch die ganze Bibel. Ich will Ihnen bloß ein Beispiel sagen. Im ersten Johannesbrief steht: „Wer den Sohn hat, der hat das Leben."

Und in demselben Brief steht: „Es ist noch nicht erschienen, was wir sein werden. Wir wissen aber, wenn es erscheinen wird, daß wir ihm gleich sein werden; denn wir werden ihn sehen, wie er ist."

Nicht? In demselben Brief: Wer hat, der hat — „Wer den Sohn hat, der hat das Leben." Und doch: „... ist noch nicht erschienen..."

Christen sind Leute, die sich auf diese künftige Welt freuen. Und ich möchte mich nicht dumm machen lassen von Leuten, die sagen: „Ja, das kommt erst mit der Auferstehung." Ich bin überzeugt: In dem Augenblick, wo ich hier die Augen schließe, tut sich diese andere Welt schon für mich auf. „Wir werden ihn sehen, wie er ist." Und darauf freue ich mich jetzt schon. Das ist dann die glückliche Landung.

5

DER RICHTIGE CHRISTENSTAND

„Wie lieb sind mir deine Wohnungen, Herr Zebaoth! Meine Seele verlangt und sehnt sich nach den Vorhöfen des Herrn; mein Leib und Seele freuen sich in dem lebendigen Gott. Der Vogel hat ein Haus gefunden und die Schwalbe ein Nest für ihre Jungen — deine Altäre, Herr Zebaoth, mein König und mein Gott."

Das war das Thema unserer Betrachtung in den ersten vier Kapiteln, jetzt geht es weiter: „Wohl denen, die in deinem Hause wohnen; die loben dich immerdar. Wohl den Menschen, die dich für ihre Stärke halten und von Herzen dir nachwandeln! Wenn sie durchs dürre Tal ziehen, wird es ihnen zum Quellgrund, und Frühregen hüllt es in Segen."

„Wohl denen" — wir müßten eigentlich jeden dieser Sätze mit „wohl" einleiten: „Wohl den Menschen, die in deinem Hause wohnen. Wohl den Menschen, die dich für ihre Stärke halten. Wohl den Menschen, die von Herzen dir nachwandeln. Wohl den Menschen, wenn sie durchs dürre Tal ziehen, wird es ihnen zum Quellgrund."

Liebe Freunde, gestern morgen saß ich in Bad Windsheim. Von diesem Ort haben Sie sicher noch nie etwas gehört? Hatte ich auch nicht.

Also, da war ich zum Gottesdienst gestern morgen eingeladen. Wir saßen in der Sakristei, und draußen war ganz herrliches Wetter. Da bliesen die Posaunen: „Christ ist erstanden." Mein Herz war voller Freude.

Gegenüber von dem Stuhl, auf dem ich saß, stand an der Sakristeiwand ganz groß ein gemalter Spruch. Den habe ich dann, weil die Liturgie eine halbe Stunde dauerte, eine halbe Stunde lang angesehen — oder vielmehr: Er hat mich angesehen, dieser Spruch. Er lautete: „Das Reich Gottes steht nicht in Worten, sondern in Kraft." Worte des Apostels Paulus. Und ich dachte: Jetzt bin ich ganz bewegt von diesem Ostergottesdienst, dem Posaunengeschmetter und bin bereit, die schönsten und größten Worte zu machen. Aber das Reich Gottes steht nicht in Worten, sondern in Kraft.

Ich hatte also eine halbe Stunde Zeit, um in aller Stille und Ruhe über diesen Spruch nachzudenken.

Wissen Sie, meine Freunde, daß wir eigentlich ganz armselige Christen sind? Daß in unserem Leben von der Kraft Gottes, die in Jesus geoffenbart ist und die sich auch in unserem Leben offenbaren will, schrecklich wenig zu sehen ist?

Sehen Sie, unter diesem Eindruck habe ich mir heute morgen diesen Text vorgenommen. Dabei kam mir der Gedanke: Sieh mal an, das paßt schön zusammen. Das Reich Gottes besteht nicht in Worten, sondern in Kraft.

Hier in diesen Psalmworten zeigt uns der Psalmist, wie ein Christenstand — ich gebrauche dafür auch gern das Wort, das unsere Väter benutzten: ein Gnadenstand — in Kraft aussieht.

Ich will es einmal so auslegen. Danach können wir dann beurteilen, was ein richtiger, herrlicher Christenstand in der Kraft Gottes bedeuten würde.

Der Psalmist sagt nun: „Was ist ein richtiger Christenstand?“ So schreibe ich als Überschrift darüber: „Wohl denen, die in deinem Hause wohnen; die loben dich immerdar.“

Zu einem richtigen Christenstand gehört, daß die Grundstellung in Ordnung ist. Davon ist hier die Rede: „Wohl denen, die in deinem Hause wohnen.“

Sehen Sie, jeder Theologe sagt Ihnen, daß das ein Lied sei, das die Festpilger auf dem Weg nach Jerusalem gesungen haben. Kann sein, kann auch nicht sein. Mich interessiert viel mehr, was *mir* dieser Psalm sagt. Das wird dann so ausgelegt: „Dieser Festpilger denkt: Ach, ich wohne in Galiläa; wohl denen, die immer im Tempel wohnen dürfen.“

Das stimmt aber nicht. Im Tempel von Jerusalem wohnte überhaupt niemand; da wohnte nur Gott. Da taten die Priester wohl ihren Dienst, aber sie wohnten nicht im Tempel. Der Tempel war kein Gemeindezentrum: oben der Küster, unter der Pastor und so weiter. Im Tempel wohnte niemand. Wenn hier steht: „Wohl denen, die in deinem Hause wohnen“ — da wohnte niemand damals im Tempel —, dann wird uns damit von vornherein deutlich gemacht, daß wir hier nicht lange untersuchen sollen, wieso und warum es sich hier um ein Tempellied handelt, sondern daß hier von geistlichen Dingen die Rede ist.

Was heißt denn das: im Hause Gottes wohnen!?

Ich habe hin und her überlegt: Wie kann ich Ihnen das jetzt mit ein paar Worten klarmachen? Da ist mir eingefallen, daß ich es Ihnen am besten mit dem Wort in Epheser 2, dem Vers 19, erkläre: „So seid ihr nun nicht mehr Gäste und Fremdlinge, sondern Mitbürger der Heiligen und Gottes Hausgenossen.“ — „So seid ihr nun nicht mehr Gäste und Fremdlinge“, sagt Paulus der Gemeinde in Ephesus, „sondern Mitbürger der Heiligen und Gottes Hausgenossen.“

In Gottes Haus wohnen heißt also, daß man nicht mehr Gast und Fremdling ist, sondern Gottes Hausgenosse geworden ist.

Ich brauche dafür oft gern ein Bild: Als ich noch jung und schön war und als junger Pfarrer, mitten im Gemeindebetrieb, in einem riesigen Pfarrhaus in der Weigle-Straße wohnte, kamen sehr viele Gäste in mein Haus. Das lag damals noch so direkt am Essener Hauptbahnhof. Wer ein billiges Quartier suchte, der ging entweder links zum Vereinshaus oder rechts zum Pastor Busch. Rechts war es billiger.

Wir hatten da ein ganzes Stockwerk. Es war ein riesiges Pfarrhaus mit drei Gästezimmern, die immer besetzt waren. Und es war schön dort. Ich hatte damals schon sechs Kinder — was war das immer für ein Trubel! Und dazu die Gäste! Wenn ich dann oben am Tisch saß, überschaute ich eine lange Tafel. Wer da fremd hereingekommen wäre, hätte gedacht: Das ist ja wohl alles eine Familie hier.

Aber es war dann so, daß sich nach dem Mittagessen oder am nächsten Morgen einige verabschiedeten und sagten: „Vielen Dank und auf Wiedersehen." Und dann gingen sie. Sie gehörten nicht dazu; sie waren nur eine Zeitlang dabei. Sie saßen mit am Tisch, aber sie gingen wieder. Sie waren Gäste.

Aber meine Kinder, die gingen nicht, die waren keine Gäste, die blieben. Das konnte man aber nicht unterscheiden, wenn wir alle zusammensaßen. Dann, nach dem Mittagessen, wurde es deutlich: die einen gehen, die andern bleiben; das ist die Familie, das sind die Kinder; die andern sind die Gäste.

Sehen Sie, so kann ich in einer Gemeinde auch nicht unterscheiden, welche bloß Gäste im Reich Gottes sind. Sie schmecken nur mal und sind ein bißchen dabei, aber dann gehen sie wieder.

Aber es sind auch andere, die sagen können: „Wir wohnen im Hause Gottes. Wir sind Kinder Gottes geworden. Wir hauen nicht mehr ab. Bis an unser Lebensende gehören wir hierher."

Das ist der Unterschied zwischen Gästen und Gottes Hausgenossen.

Und nun sagt der Psalmist hier: „Wohl denen, die in deinem Hause wohnen.“ Wohl denen, die wirklich Kinder des lebendigen Gottes geworden sind.

Und es wird mir, je älter ich werde, immer wichtiger, daß man — ja, daß man nicht zu sicher wird, daß man ab und zu einmal seinen Glaubensstand überprüft und sich fragt: Bildest du es dir nicht bloß ein? Bist du wirklich ein Kind Gottes geworden? Ist dein Name — so sagt Jesus einmal — im Himmel angeschrieben?

Ich weiß, daß ich nichts dazu tun kann, daß ich ein Kind Gottes werde. Dazu kann ich wirklich nichts tun. Das schenkt Jesus; es ist ein Gnadenstand. Ich darf zu seinem Kreuz aufschauen und sagen: „Herr, ich bin's nicht wert. Ich bin nicht würdig. Aber du hast mich erkauft. Du hast mich von der Welt und von der Hölle losgekauft. Du hast einen hohen Preis bezahlt.“

Man sagt heute: „Das verstehen die Leute nicht mehr!“ Dann kann ich ihnen auch nicht helfen. Wer es nicht versteht, dem kann ich eben nicht helfen. Der ist schon sowieso kein Kind Gottes. Ich kann's nicht anders sagen.

Jesus hat ein Lösegeld bezahlt und mich für Gott erkauft. Das darf ich im Glauben annehmen.

Oder ich darf es auch so ausdrücken: Jesus hat mich mit Gott versöhnt. Als Hoherpriester hat er sich selbst zum Opfer dargebracht, damit ich Frieden mit Gott habe.

Wenn ich umkehre und willig mein Leben Jesus übergebe, darf ich ein Kind Gottes sein. Ich wohne dann im Hause Gottes, wo ich auch bin. Das ist der richtige Christenstand: Ich bin nicht mehr Gast, sondern ich bleibe dabei und bin drin im Hause Gottes.

Ach bitte, fragen Sie sich doch: Bin ich ein Kind Gottes?

6

DER LOBPREIS DER KINDER GOTTES

Ich glaube, es verblüfft den Leser doch ein bißchen, daß da nun steht: „Die loben dich immerdar."

Ich muß offen gestehen, daß mich das heute morgen bei der Vorbereitung fast ein bißchen mutlos gemacht hat. Ich dachte: Wenn das also das Kennzeichen derer ist, die im Hause Gottes wohnen, dann steht's um mich doch noch sehr trübe.

Ich habe schließlich noch einiges andere zu tun; ich kann doch nicht ständig Loblieder singen! Wenn ich eine Bibelstunde vorbereite, dann muß ich mich auf den Text konzentrieren, dann kann ich nicht Loblieder dabei singen.

Bei einer Hausfrau geht es ja vielleicht besser. Beim Spülen kann sie ja vielleicht Loblieder singen; dabei braucht sie ja nicht so viel zu denken. Aber wie ist es bei einem Kaufmann, der seinem Geschäft nachgeht? Man kann sich kaum vorstellen, wie ein Vertreter einen Geschäftsbesuch macht und jubiliert da mit „Halleluja" los, anstatt seine Ware anzupreisen!

Was soll das heißen: „Die loben dich immerdar."?

Meine Freunde, das gehört zur Grundstellung

des Christen, daß er sich bewußt ist, daß er ein Kind Gottes ist und darüber fröhlich geworden ist. Ich bin glücklich in dem Bewußtsein: Ich bin ein Kind Gottes.

Ich darf es jetzt einfach einmal so von mir sagen: Wenn ich morgens aufwache, dann brauche ich erst ein paar Minuten, um mich wieder ans Leben und Wachsein zu gewöhnen. Aber dann kommt mir jedesmal die Wahrheit in den Sinn: Du bist ein Kind Gottes! Ist das wirklich wahr? Ja, du bist ein Kind Gottes für Zeit und Ewigkeit.

Was geht mich der ganze Quatsch und Ärger an, der mich heute vielleicht erwartet? Der große Gott hat die Nacht über mir gewacht. Ich wache auf und darf in sein Angesicht hineinschauen. Ich bin sein Kind aus lauter Gnade, weil er mich in Jesus erkauft und mich durch Jesus erlöst hat. Da wird mein Herz fröhlich.

„Die loben dich immerdar." Das heißt nicht, daß ich dauernd ein Lied auf den Lippen habe. Aber es heißt, daß das Bewußtsein, ein Kind Gottes zu sein, einfach immer wieder mein ganzes Leben durchdringt. „Immerdar."

Lassen Sie mich zwei Beispiele anführen. Immerdar, das heißt, daß ich als Kind Gottes Gott dafür danke und ihn lobe, wenn es mir gut geht.

Der Herr Jesus ist einmal zehn aussätzigen Männern begegnet. Dann hat er sie geheilt. Kein Doktor konnte sie heilen; sie waren eigentlich verlorene Leute, waren ausgetrieben in die Wüste und begegnen nun dem großen, herrlichen Wundertäter, der sie heilt.

Sie können heute lesen, daß der Herr Jesus keine Wunder getan hätte. Das ist heute die Entscheidung jedes einzelnen, ob er sich bei Illustrierten über Jesus orientieren will oder im Neuen Testament.

Mein Herr tat Wunder und heilte zehn Aussätzige, denen niemand helfen konnte. Dann müssen sie zum Doktor, müssen sich untersuchen lassen, sich einen Gesundheitsschein ausstellen lassen — damals waren die Priester dafür zuständig —, und dann kommt einer zurück, fällt vor Jesus nieder und dankt ihm. Und das war noch ein Samariter; das war eine verachtete Rasse.

Aber Jesus fragt: „Wo sind denn die neun? Ich habe doch Großes an ihnen getan."

Sehen Sie, das waren keine Kinder Gottes. Sie wurden es auch nicht durch diese Erfahrung. Denn Kinder Gottes besinnen sich darauf, von wem sie Gutes erlangt haben, und bedanken sich dafür. Sie loben ihn immerdar.

Diese neun Kerle haben durch ihr Verhalten bewiesen, daß ihnen der Herr völlig gleichgültig war. Sie wollten nur gesund werden. Sie wollten etwas von ihm, aber nicht ihn selbst. Sie waren nicht Kinder Gottes geworden.

Kinder Gottes loben den Herrn — wenn sie Schönes empfangen haben.

Da gibt es aber auch eine Geschichte in der Bibel, die handelt von einem Mann mit Namen

Hiob. Der war reich und glücklich. Aber an einem Tag verliert er sein ganzes Vermögen, auch seine Kinder kommen um. Plötzlich ist er bettelarm. Da sagt er als einziges: „Der Herr hat's gegeben, der Herr hat's genommen; der Name des Herrn sei gelobt!"

„Die loben ihn immerdar." Die Kinder Gottes loben Gott nicht nur, wenn sie etwas Gutes empfangen. Wenn es einmal ganz dunkel wird — kann ja sein, daß sie dreimal tief atmen müssen, aber am Schluß heißt es dann: „Der Name des Herrn sei gelobt!" Dann bricht das Glück der Gotteskindschaft durch, auch im tiefsten Leid.

Ich habe in den letzten Kriegsjahren unendlich oft die Frage gehört: „Pastor Busch — da fielen die Bomben, und mein Haus ist abgebrannt. Ich habe alles verloren. Wie konnte Gott das zulassen?"

Dann hätte ich den Leuten gern mit Brief und Siegel bescheinigt: Sie sind kein Kind Gottes. Denn ein Kind Gottes kann in große Dunkelheit kommen, aber am Ende heißt es: „Der Name des Herrn sei gelobt!"

Aber diese Leute sagen: „O nein, ich balle die Faust gegen ihn!"

Wir können in Anfechtung kommen, ganz gewiß. Aber das ist das Bezeichnende für den richtigen Christenstand, daß die Freude an der Erlösung einfach immer wieder durchbricht.

7

GOTT, UNSERE STÄRKE

Die Christen machen beständig eine wundervolle Erfahrung, nämlich daß Gott ihre Stärke ist. „Wohl den Menschen, die dich — Herr — für ihre Stärke halten." Das Christenleben ist eine ganze Perlenkette von Erfahrungen, die den Kindern Gottes täglich bewußt werden lassen, daß sie einen starken und mächtigen Herrn haben.

Ich habe nicht nur eine Bekehrung erlebt, ich lebe vielmehr nun schon ein langes Leben davon, daß der Herr meine Stärke ist.

Als ich an diese Stelle des Psalms kam, da wäre ich beinahe verzweifelt, weil ich dachte: Wenn ich den Satz richtig auslegen wollte — „Wohl den Menschen, die dich für ihre Stärke halten" —, dann könnte ich ein ganzes Buch darüber schreiben, so viel liegt in dieser Aussage.

Nun will ich versuchen, Ihnen wenigstens in Kürze diesen Satz auszulegen.

Christen sind Leute, die beständig die Erfahrung machen, daß der Herr ihre Kraft, ihre Stärke ist. Das klingt für einen Weltmenschen natürlich völlig blödsinnig. Der Mann von Golgatha, den heute noch jeder Junge beschimpfen kann? Es gibt nichts Schwächeres als Jesus; darin ist sich die ganze Welt einig.

Die jungen Leute in Bad Windsheim machten bei ihrem Jungmänner-Treffen bei der Hauptversammlung — Riesensaal, eine Menge Leute — so ein Anspiel, so nennt man das wohl. Da trat ein Trupp Leute auf, die brüllten: „Wir wollen leben, leben, leben!"

Und da kam dann einer und sagte: „Ihr müßt Jesus haben!"

Sie schrien dagegen: „Jesus? Quatsch! Unsinn! Jesus, das ist der Mann der Niederlagen, der Mann vom Kreuz, der Mann mit den Nägelmalen, der ewige Verlierer. Wir wollen aber leben und siegen. Wir wollen obenauf sein. Bleib uns weg mit diesem Jeus!"

Da habe ich gedacht: So sieht es für einen Weltmenschen wirklich aus, daß Jesus der ewige Verlierer ist.

Ist Jesus der große Verlierer? Nun gucken Sie sich mal den ganzen Kirchenladen in unserem lieben deutschen Vaterland an — da wird man ja schwach!

Gottlose Professoren auf unseren Universitäten, leere Kirchen; dabei immer noch Einweihung von neuen Kirchen — und kein Mensch weiß, wer die eigentlich füllen soll.

Jesus, der ewige Verlierer, blamiert durch seine Boten — du liebe Zeit! Und der soll unsere Stärke sein?

Meine Freunde, es verschlägt einem schon etwas den Atem, nicht wahr?

Ich erinnere mich, daß ich als junger Mann

dachte: Ich verlaß mich lieber auf mich selbst. Heute würde ich das nicht mehr sagen, wo man schon allmählich im Untergestell wacklig wird. Aber als junger Kerl denkt man: Jesus, der große Verlierer, soll unsere Stärke sein? Na, das ist vielleicht eine Behauptung!

Ich glaube, wir müssen da an die Auferstehung Jesu denken. Der Apostel Paulus hat einmal gesagt: „Ich möchte erkennen die Kraft seiner Auferstehung." Was ist das eigentlich für eine Gewalt, die ihn, den wirklichen Toten, aus dem Grabe geholt hat? Das begreift keiner von uns! Ich verstehe, daß die Menschen immer wieder die Hände ringen und sagen: „Damit werden wir nicht fertig." Damit werde ich auch nicht fertig. Die Kraft seiner Auferstehung — mit diesem Ausdruck macht Paulus deutlich, daß die göttliche Kraft mitten in diese Welt eingeschlagen ist. Diesen auferstandenen Herrn, der lebt, der hier ist, der bei mir ist, der ist meine Stärke. „Die dich für ihre Stärke halten." Mit dem darf ich rechnen.

Verzeihen Sie, wenn ich einmal von mir ganz persönlich rede. Je älter ich werde, desto mehr stelle ich fest, wie zwischen 60 und 70 die Kraft abnimmt; da wachsen einem die Aufgaben zwar noch zu, aber man kann einfach nicht mehr: Das Herz tut nicht mehr mit, die Galle tut nicht mehr mit, der Kopf tut nicht mehr mit, nichts will mehr mitmachen. Man denkt vielleicht: Ich möchte jetzt einfach aufhören und sagen: „Laßt mich jetzt mit allem in Ruhe!" Aber mein Herr erlaubt mir das noch nicht. Gerade da darf ich ihn für meine Stärke halten.

Das möchte ich allen sagen, die älter werden: Je schwächer wir werden, desto mehr dürfen wir das glauben: Ich brauche meine Kraft nicht aus mir selbst zu nehmen, sondern ich darf sie von ihm nehmen. — Das dürfen junge Menschen übrigens auch glauben!

Jetzt darf ich noch einmal von gestern sprechen. Ich hatte morgens einen herrlichen Gottesdienst. Ich war von all diesem Herrlichen bewegt. Die Barockkirche war voll Menschen, und die Posaunen schmetterten; es war so schön. Und dann ging es mittags weiter, da kam die Hauptversammlung. Da sollte ich den Hauptvortrag halten.

Die Leute drängten sich. Das Volk kam aus der Umgegend angefahren — Autos und Omnibusse, ein Riesensaal voll Menschen. Ich hatte das Gefühl: Ach, Wilhelm, du hast ja gar keinen Schwung mehr! Da müßte jetzt ein junger Kerl her, diese Scharen von jungen Leuten so anzureden, daß bei ihnen etwas ankommt. Und dazu kommt noch, daß ich gewöhnt bin, mittags ein wenig zu schlafen. Die Hauptversammlung war um zwei Uhr angesetzt, wo unsereiner sonst den besten Schlaf hat.

Und dann das Wetter! Wie in der Sauna, so schwül! Sie machen sich keine Vorstellung — so schwül! Das war für mein Herz natürlich reines Gift; es klopfte wie verrückt. „Warum holen Sie nur so einen alten Kerl für diesen Hauptvortrag!" seufzte ich.

Verstehen Sie, da gibt es Augenblicke, da sitzt man da auf der Bühne, die Prominenz ganz feierlich rechts und links, und man macht ein Gesicht, als ob einem alles egal wäre, aber innerlich tobt die Verzweiflung und die Angst: Das wird nichts heute!

Und auf einmal ging mir das auf, daß Jesus ja lebt und daß er auferstanden ist und daß ich nicht ein Schauspieler bin, der eine große Rolle spielen muß, sondern daß ich von diesem auferstandenen Heiland reden darf. Und dieser Heiland — der soll selbst zusehen, daß er sich hier offenbart. „Herr, sieh du zu", habe ich innerlich gesagt. „Sieh selbst zu deiner Sache. Wie kannst du solche Krücken wie mich als Werkzeug benützen wollen!?"

Wie ich dann oben stand, war alles wie weggeblasen; es war herrlich. Ich kann nur sagen, ich erfuhr ganz handgreiflich, daß man den Herrn wirklich für seine Stärke halten kann — aber nur, wenn man in sich selbst nichts mehr hat! Keine eigenen Gedanken und keine eigene Kraft, nichts! Und dann spürt man: Es geschieht etwas!

Das gilt nicht nur für den Pfarrerberuf; das gilt auch für Ihren Beruf, für jeden Beruf.

Verzeihen Sie, daß ich jetzt so dumm einfach von meinem Beruf rede, aber ich kann mich eben nicht in einen Direktor hineinversetzen. Ich weiß auch nicht, was Sie für Aufgaben haben. Oder eine Hausfrau — ich sehe das auch nur so aus der Ferne, was sie tut. Aber Sie können es hoffentlich in Ihr Leben übertragen, den Herrn für Ihre Stärke zu halten.

Ich bin so froh, daß Jesus so stark ist, daß er meine Sünden weggetragen hat. Mir scheint, die größte Sache in der Welt ist die Vergebung der Sünden durch Jesus.

Ich will noch einmal ein Beispiel anwenden. Ich habe einen Freund in der Schweiz, mit dem habe ich herrliche Fahrten gemacht. Zusammen sind wir im Staat Liechtenstein, einem Staat zwischen der Schweiz und Österreich, in die Alpen gefahren. Da geht es dann plötzlich in ein Hochtal hinein. Wir kommen zu einem schönen Hotel, da haben wir zu Mittag gegessen. Nach dem Essen fahren wir zurück.

Da kommt uns ein Omnibus entgegen. Sein Chauffeur winkt uns auf einmal wie verrückt zu. Wir halten an; wir wissen ja nicht, was los ist.

Auf einmal prasselt eine Steinlawine zwischen uns und dem Omnibus herunter. Wir können nicht mehr weg. Die ganze Straße ist zusammengebrochen. Nur eine Kleinigkeit, und wir wären unter die Lawine gekommen. Der Chauffeur vom Omnibus, der heraufkam, sah es wohl schon rieseln.

Da standen wir nun auf dieser Straße, die ganz mit riesigen Geröllbrocken verstopft war, und kamen nicht mehr heraus.

Ich habe in Gefängnissen gesessen; das war bestimmt nicht schön. Hier auf der Straße eingeschlossen zu sein war wie ein hübsches Gefängnis.

Aber auf die Dauer wird das langweilig. Es war völlig unmöglich, daß wir diese Brocken selbst hätten wegschaffen können. Wir mußten warten, bis Maschinen kamen.

So ist es auch im Leben. Ich möchte ein Kind Gottes werden. Der Weg zu Gott ist auf einmal zugeschüttet; da liegen meine Sünden wie Felsblöcke. Ich kann nicht eine wieder gutmachen. Ich kann auch ein freches Wort, das ich meiner Mutter zugerufen habe — sie ist tot —, nicht zurückholen.

Wie viele Widerworte haben Sie Ihrer Mutter gegeben? Sie können auch nicht eins gutmachen.

Ich kann auch ein schlechtes Wort, das meinen Lippen entflohen ist, das anderen in Herz und Ohren ging, nicht zurückholen. Ich kenne noch nicht einmal die Auswirkungen. Ich kann eine Sünde nicht gutmachen. Der Weg zu Gott ist mit den Brocken meiner Sünde verstopft; da komme ich nicht durch.

Darum ist es so notwendig, daß einer kommt und diese Felsbrocken wegräumt. „Wohl den Menschen, die dich für ihre Stärke halten." Herr Jesus, du bist so stark. Du hast alle Lasten auf dich genommen und den Weg freigeräumt.

„Siehe, das ist Gottes Lamm, welches der Welt

Sünde trägt!" Auch meine. Alle unsere Felsbrokken sind dabei; der Weg zum Herzen Gottes ist frei.

8

VOM TODE ZUM LEBEN

Ich möchte noch auf den Tod hinweisen. Was ist das für ein Feind, der Tod.

Neulich fuhren wir mit dem Auto von Würzburg durch das schöne Frankenland. Die Sonne schien, das Maintal leuchtete — „Ich wollt, mir wüchsen Flügel!“ Sie kennen ja das Lied. So war es da. Es waren nette junge Männer im Auto, anständiger Wagen — es war einfach herrlich!

In jedem Ort, durch den wir kamen, sahen wir Totengedenktafeln. An den Häusern stand — da im Frankenland ist alles so historisch —: „Hier starb der und der Eierkopf und der Musiker Bumskopf.“ Im Grunde alles Zeichen davon, daß der Tod regiert.

Ich las heute in einem Buch den Satz: „Wenn wir uns auf die Erde setzen, setzen wir uns eigentlich immer auf Gräber.“ Es sind ja unter uns schon ganze Geschlechter versunken. Das kann mich manchmal ganz tief erschüttern, diese schreckliche Macht des Todes.

„Wohl den Menschen, die dich für ihre Stärke halten.“ Herr Jesus, du reißt mich aus dem Tode heraus. „Wenn mir am allerbängsten wird um das Herze sein, dann führst du mich über allen Ängsten ins Leben.“

Ach, meine Freunde, es ist ganz herrlich, wenn man sein Vertrauen auf den setzt, der auferstanden ist und ins Leben führt. Der ganze allmächtige Tod soll nehmen, wen er will — mich nicht, mich nicht mehr!

Lassen Sie mich zum Schluß das noch einmal sagen: „Wohl den Menschen, die dich für ihre Stärke halten."

Ich habe lange darüber nachgedacht, wie ich das ausdrücken soll. Ich wollte es eigentlich so ausdrücken: „Wohl den Menschen, die an das starke Stromnetz angeschlossen sind." Denn das ist ja Kraft. Aber das ist doch ein schlechtes Beispiel.

Aber zum Schluß möchte ich doch noch dieses Beispiel vom Stromnetz verwenden.

Ich erzähle es mal so, wie es mir passiert ist.

Ich brauche für meinen Kopf — ich leide oft an Kopfweh — morgens einen Tasse Kaffee. Aber ich kann wegen meiner Galle nicht jeden Kaffee nehmen. Es gibt da so eine extra Sorte, die kann man aber nicht überall bekommen. Diesen Kaffee koche ich mir morgens selbst. Ich habe einen kleinen elektrischen Kocher, den nehme ich überall mit hin. In jedem Hotel wird morgens erst mal Kaffee gekocht.

Aber das ist eine schreckliche Misere! Sie kommen nach Amerika, da haben Sie Stecker mit zwei Plättchen; die müssen Sie umarbeiten lassen, sonst passen sie nicht. Sie kommen nach Italien, da gibt es nur 125 Volt; mein Kocher braucht aber 220 Volt. Dann kommen Sie irgendwohin in die Schweiz, da haben Sie keine Steckdose für unseren RWE-Stecker, wie wir ihn kennen, sondern nur einen einfachen, in den unser Stecker nicht hineinpaßt. Da müssen Sie dann so ein Ding auf den RWE-Stecker draufstülpen, damit er in so eine gewöhnliche Steckdose dort hineingeht — kurz, es ist eine ewige Misere.

Ich stehe also in irgendeinem Hotel und will meinen Kaffee kochen, und ich bekomme keinen Anschluß ans Stromnetz. Alles ist da: mein Kocher, mein Kaffee, mein Tauchsieder, da ist auch ein Stromnetz, aber wir kommen nicht zusammen.

Ich glaube, so ist es bei vielen Menschen. Sie haben eine rechte Sehnsucht; sie möchten ein Kind Gottes sein. Er ist ja auch da, der am Kreuz starb und der auferstanden ist. Und doch kommt ihr Leben nicht mit dieser Kraft in Verbindung; der „Stecker" paßt einfach nicht. Jetzt — was soll ich da sagen? Was ist denn der rechte „Stecker"?

Ich kann nur sagen: das Gebet des Glaubens, so drückt es Jakobus aus, das Gebet des Glaubens: „Herr sieh, hier ist meine Schuld. Hilf mir, daß ich glaube, daß du sie weggenommen hast. Herr, ich bringe sie an dein Kreuz. Herr, du siehst: Ich habe Angst vor dem Sterben. Herr, laß es mich jetzt schon erfahren, daß ich im Leben bin. Herr, ich kann dich noch nicht recht loben. Gib mir doch deine Freude ins Herz."

Im Glauben beten heißt: mein Leben an diesen wundervollen Kraftstrom, der in Jesus Christus mitten in der Welt ist, anschließen.